Das Grabmal des Theoderich zu Ravenna und seine Stellung in der Architekturgeschichte

Bruno Schulz

Alpha Editions

This edition published in 2022

ISBN : 9789356781092

Design and Setting By
Alpha Editions
www.alphaedis.com
Email - info@alphaedis.com

Das Grabmal des Theoderich zu Ravenna und seine Stellung in der Architekturgeschichte

By: Bruno Schulz

In der ungeheuren Menge von monumentalen Bauwerken aus allen Zeiten, an denen Italien so reich ist, ist doch kaum ein zweites, das gerade für den Deutschen einen so ausgesprochenen Stimmungswert hat, wie das Grabmal, das der grosse Ostgotenkönig Theoderich sich vor den Toren seiner Residenz Ravenna noch bei seinen Lebzeiten selbst errichtet hat. Alles, was wir von Theoderich und seiner Zeit wissen und erfahren, mutet uns ja besonders an, sind es doch Klänge aus der stürmischen Jugendzeit unserer Rasse, und wir können sagen, unseres Volkes. Als Dietrich von Bern ist er eine der gewaltigsten Gestalten der deutschen Heldensage. Aber auch für die geschichtliche Betrachtung kann er in gewissem Sinne an die erste Stelle unter den germanischen Fürsten gestellt werden; ist er doch der erste gewesen, der bewusst und, solange er lebte, mit Erfolg den grossen Gedanken verfolgt hat, Erbe der römischen Cäsaren zu sein in dem Sinne, germanischem Volke unter Wahrung nationaler Eigenart das ungeheure Kulturgut zu eigen zu machen, das die antike Welt hinterlassen hat. Das Schicksal aber ist hart über sein Lebenswerk hinweg geschritten und hat wenige Jahre nach seinem Tode sein ganzes Volk vernichtet. So mischt sich ein Gefühl tragischen Mitleides in sein Andenken, und eine Stimmung, die an derartiges anklingt, liegt auch über seinem Grabmal in seiner jetzigen Gestalt und Umgebung. (Bild 1 und 2.)

Bild 1. Grab des Theoderich, Westseite.

Bild 2. Grab des Theoderich, Ostseite.

Kein Wunder also, dass gerade die deutsche Wissenschaft sich öfter mit dem eigenartigen Denkmal beschäftigt und die Rätsel zu lösen versucht hat, die es uns aufgibt. Trotzdem ist darin aber ein abschliessendes oder auch nur vorläufig befriedigendes Ergebnis bisher nicht erzielt worden.

Unter den verschiedenen Fragen, die ein Bauwerk der kunstgeschichtlichen Forschung zu beantworten aufgibt, muss ja an erster Stelle die Frage nach seiner ursprünglichen vom Erbauer beabsichtigten Gestaltung stehen, denn erst ihre Beantwortung gibt den Tatbestand, der für Stellung und Beantwortung weiterer Fragen grundlegend ist. Für das Grabmal des Theoderich hat es nun zwar an Versuchen zur Lösung dieser grundlegenden Frage nicht gefehlt; Mothes, Essenwein[1] und in neuester Zeit Durm[2] und Haupt[3] haben geglaubt den ursprünglichen Zustand des eigenartigen Bauwerkes zu kennen, keiner aber hat allgemein überzeugen können, weil alle subjektiv und ohne bestimmte wissenschaftliche Methode probierend das rekonstruiert haben, was der Grad ihrer Kenntnis des Bauwerkes, ihrer Phantasie und ihres Geschmackes, sowie ihrer technischen Gewissenhaftigkeit zuliess.

So haben mit Essenwein (Bild 3) die älteren Bearbeiter die im achtzehnten Jahrhundert angebauten Treppen zum Obergeschoss als ursprünglich angenommen, nicht vorhandene Durchbrechungen des Gewölbes über dem Untergeschoss und der monolithen Kuppel über dem Obergeschoss gezeichnet und im Anschluss an die eigenartigen bogenförmigen Einarbeitungen, die am oberen Teil des zehneckigen Hauptgeschosses sich befinden (vergl. Bild 1 und 2), eine um das Obergeschoss laufende Ringhalle ergänzt, für deren Herumführung um die Ecken des Gebäudes keine Möglichkeit und für deren Dachanschluss an die Wand keine Spuren vorhanden sind. So hat Haupt (Bild 4) einen ebenfalls um das ganze Obergeschoss herumlaufenden Bogenfries in jenen Einarbeitungen angenommen, der technisch unmöglich ist, weil er besonderer, nicht vorhandener und nicht vorhanden gewesener Befestigungsmittel bedurft hätte und überdies auch geschichtlich in der Erbauungszeit des Denkmals ohne jedes Beispiel ist (siehe Anmerkung I). Im Gegensatz zu den beiden genannten Autoren hat Durm die technische Unmöglichkeit sowohl der Ringhalle wie auch des Bogenfrieses erkannt und kommt, ohne eine andere Erklärung für die Einarbeitungen über den Wandnischen zu haben, deshalb zu dem Schluss, dass diese Einarbeitung, die er „in ziemlich ungeschlachter Weise ausgeführt" nennt, „Be- und Misshandlung des Baues aus einer späteren Zeit" seien und „mit dem Plane des Architekten des grossen Theoderich nichts zu tun" hätten. In seiner Rekonstruktion (Bild 5) fehlt also dem Bau jeder Wandschmuck ausser dem unter den bogenförmigen Einarbeitungen noch vorhandenen flachen rechteckigen Nischen (siehe Anmerk. II).

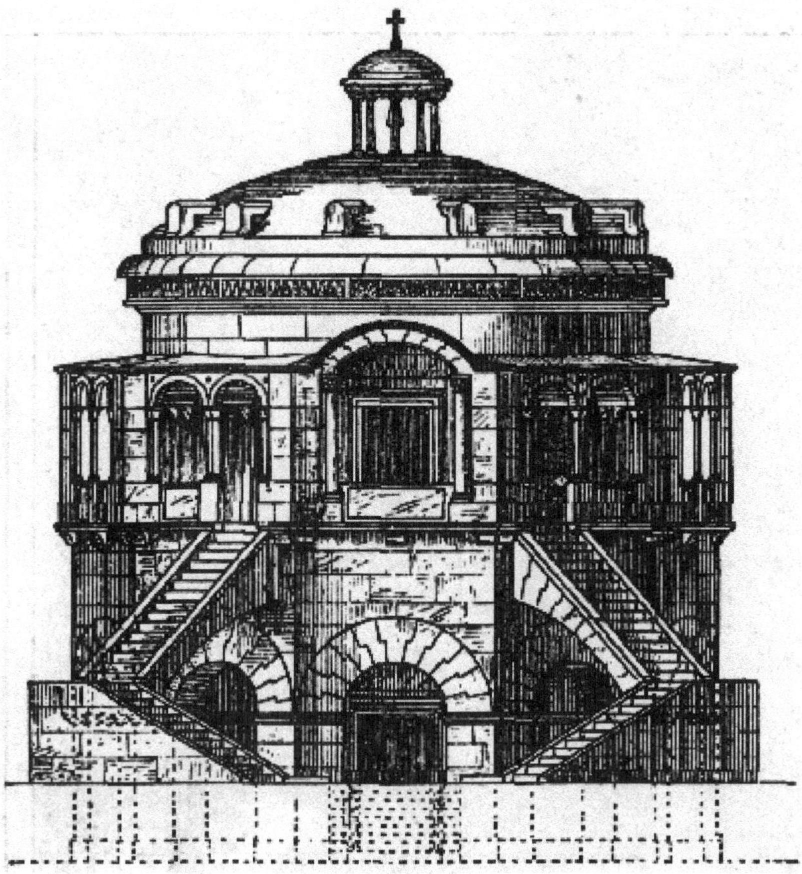

Bild 3. Das Grab des Theoderich,
Rekonstruktion von Essenwein.

Bild 4. Das Grab des Theoderich,
Rekonstruktion von Haupt.

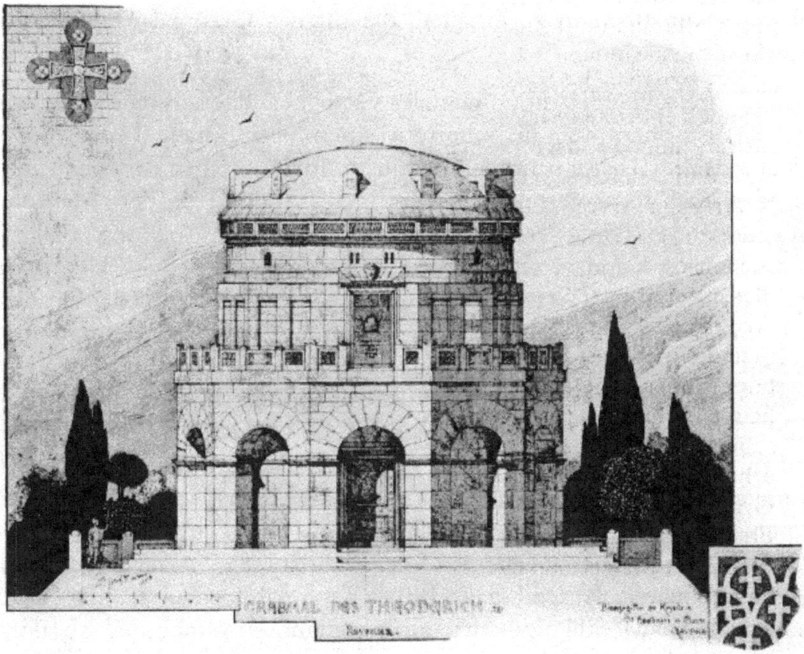

Bild 5. Rekonstruktion von Durm.

Entgegen diesen bisherigen Versuchen zur Rekonstruktion des Bauwerkes kann zu wissenschaftlich einwandfreiem Ergebnis neben technischer Gewissenhaftigkeit nur ein methodisches Verfahren führen, das von der Grundwahrheit ausgeht, dass ein Bauwerk keine Willkür- oder Zufallsschöpfung, sondern ein Glied in einer bestimmten Entwicklungsreihe ist, ebenso wie jedes organische Wesen in der Natur; von dem „inneren Gesetz", das wie G. Semper sagt, „durch die Welt der Kunstform wie in der Natur waltet". „So wie nämlich die Natur", sagt er, „bei ihrer unendlichen Fülle doch in den Motiven höchst sparsam ist, wie sich eine beständige Wiederholung in ihren Grundformen zeigt, wie aber diese nach den Bildungsstufen der Geschöpfe und nach ihren verschiedenen Daseinsbedingungen tausendfach modifiziert erscheinen, wie die Natur ihre Entwicklungsgeschichte hat, innerhalb der die alten Motive bei jeder Neugestaltung wieder durchblicken, ebenso liegen auch der Kunst nur wenige Normalformen und -Typen unter, die aus urältester Tradition stammen, in stetem Wiedervortreten dennoch eine unendliche Mannigfaltigkeit darbieten und gleich jenen Naturtypen ihre Geschichte haben". Versuchen wir es also, von dieser unbestreitbaren Grundwahrheit aus einen geschichtlichen Überblick über diejenigen hauptsächlichen typischen Kunstformen zu erhalten, die für das Grabmal Theoderichs in Frage kommen können.

Es ist ein freistehendes monumentales Grabgebäude, und dafür gibt es seit der hellenistischen Zeit im Altertum einen bestimmten Typus, den die bedeutendsten Ausführungen übereinstimmend zeigen, mögen sie im einzelnen auch recht verschieden sein. Der Typus, der in dem Mausoleum von Halikarnass (Bild 6) seine höchste künstlerische Ausbildung erlangt hat, ist älter als dies Wunderwerk der Baukunst. Zu diesem Typus (Bild 7) gehört zunächst die zentrale Gestaltung des Ganzen, die auch da, wo der Grundriss, wie beim Grab des Mausolos selber, nicht streng zentral, sondern oblong ist, ihren Ausdruck in der Pyramide findet, die das Ganze zentral bekrönt. Von diesem zentralen Typus weichen nur diejenigen freistehenden hellenistischen Grabbauten ab, deren Obergeschoss die Tempelform wiederholt (siehe Nr. 2 auf Bild 7). Statt der wohl von der ägyptischen hergeleiteten hellenistischen Pyramide tritt dann, namentlich in römischer Kunst auch die vom alten Tumulusgrabe hergenommene Kegelform als obere Endigung des monumentalen Grabes auf (vergl. Moles Hadriani Bild 8), vereinzelt auch im Geschmack des dritten nachchristlichen Jahrhunderts mit konkav geschwungener Meridianlinie, wie am sogenannten Grabe des Absalom in Jerusalem, und erst sehr spät die Kuppelform, die bei griechischen Zentralbauten von ähnlichem Typ aber anderer Bestimmung (Denkmal des Lysikrates, Nr. 4 Bild 7) sich vereinzelt schon früh findet. Neben der zentralen Gestaltung gehört zu diesem antiken Grabestyp die ganz charakteristische Aufeinanderfolge von vier verschiedenen Bauteilen über einander, und zwar erstens ein schlicht behandeltes Untergeschoss, darüber ein im Gegensatz zu diesem meist mit allen Mitteln architektonischer Ausgestaltung reich geschmücktes Hauptgeschoss, meist mit einer Tür, aber immer ohne aussen sichtbare Zugänglichkeit dieses Geschosses, die, wenn auch vielleicht bei einzelnen ganz grossen Bauten, wie beim Mausoleum in Halikarnass, im Innern vorhanden, niemals jedoch aussen sichtbar gemacht wurde. Dieser absichtlichen Abschliessung des Hauptteiles des Grabes liegt wohl die verständliche Empfindung zugrunde, die Ruhestätte des gefeierten Toten aller Störung durch die Lebenden zu entziehen, eine Anschauung, die bei den hoch gelegenen in den steilen Abhang gehauenen Felsengräbern alter Zeit, wie dem Grab des Darius, noch deutlicher zum Ausdruck gelangt. Über diesem Hauptgeschoss erhebt sich häufig (Mausoleum Bild 6 u. 7) ein niedriger schlicht gehaltener Bauteil, der die Silhouette des Bauwerkes an dieser Stelle verjüngt und als Unterbau für den vierten Bauteil, die das Ganze bekrönende Pyramiden-, Kegel- oder Kuppel-Form dient. Diese Bekrönung klingt dann in der Regel nach oben in plastischem Schmuck aus.

Bild 6. Perspektivische Ansicht des Mausoleums von Halikarnass.
Rekonstruktion von J. Bühlmann.
(Zeitschrift f. Gesch. d. Arch. II S. 19.)

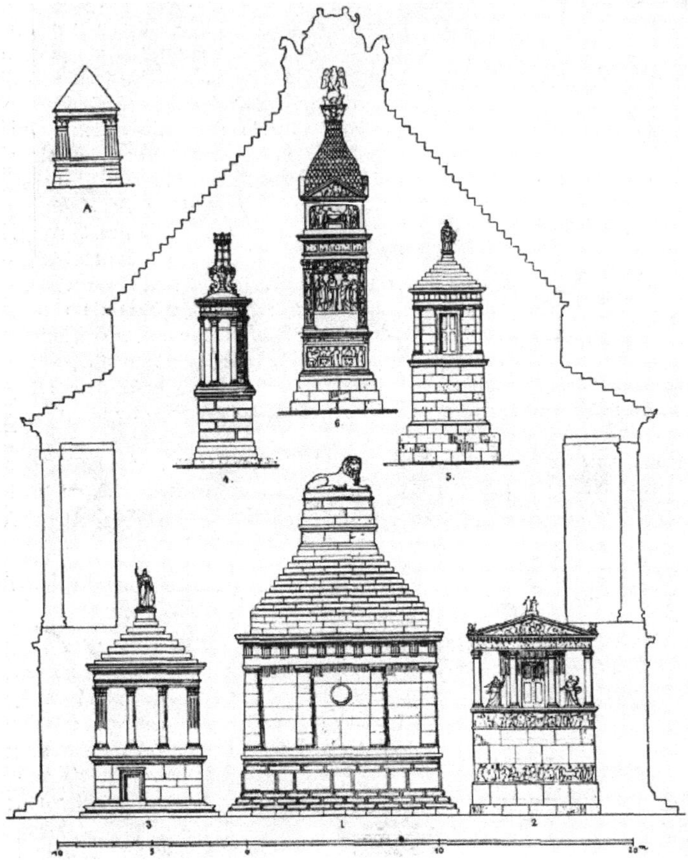

Bild 7. Vergleichende Zusammenstellung des Mausoleums zu Halikarnass mit anderen antiken Denkmälern in einheitlichem Masstabe, von J. Bühlmann
(Zeitschrift f. Gesch. d. Arch. II S. 17).

Bild 8. Moles Hadriani, Rekonstruktion von Vandremer (1858).

Diese allgemein typischen Anordnungen, die durch die ganze hellenistisch-römische Zeit beibehalten werden, finden wir nun auch beim Grab des Theoderich sämtlich wieder: Das schlicht behandelte hohe Untergeschoss, darüber das Hauptgeschoss, dessen Wände flach verzierte Nischen und jene bogenförmigen und anderen Einarbeitungen enthalten, die auf einen ursprünglich reichen Schmuck schliessen lassen. Nach Analogie der anderen Beispiele des gekennzeichneten Typs müssen wir von vornherein als wahrscheinlich annehmen, dass dieser Schmuck vor die Wand soweit vortrat, dass in der Silhouette des Ganzen das Hauptgeschoss nicht wesentlich schmaler erschien als das Untergeschoss. Dann folgt als dritter der hier mit kleinen Fenstern versehene, als Unterbau des vierten, der flachen monolithen Kuppel, dienende zylindrische Bauteil. Oben auf der Kuppel befindet sich eine erhabene viereckige Anarbeitung, welche Löcher enthält, die von der Aufstellung irgend eines bekrönenden Schmuckes herrühren werden.

Die Frage nach der ursprünglichen äusseren Gestalt des Grabmals im einzelnen umschliesst nun die Unterfragen, erstens nach der Art des architektonischen Schmuckes der Obergeschosswände oder nach der Bedeutung der an ihnen befindlichen Einarbeitungen und zweitens nach der Art des oberen Abschlusses des Untergeschosses. Die jetzige das Untergeschoss abschliessende Schicht ist nämlich augenscheinlich gleichzeitig mit den Treppen, also nachträglich hergestellt, wieviel etwa auch von der zweiten Schicht, lässt sich m. E. nicht sicher entscheiden, da der Treppenanbau mit demselben Material wie der alte Bau und mit virtuoser Anpassung an die alte Technik ausgeführt ist. Dazu kann drittens noch die wohl schwerlich zu entscheidende Frage treten, welche Form die vermutliche Bekrönung auf der Kuppel hatte. Alles andere am Äusseren ist fraglos der alte ursprüngliche Zustand.

Die Hauptfrage nach der architektonischen Durchbildung der zehn Wände des Hauptgeschosses kann nun nur beantwortet werden auf Grund einer allgemeinen Entwicklungsgeschichte der architektonisch ausgebildeten Wand für einen möglichst langen Zeitraum, der die Erbauungszeit des Denkmals mit umfasst. Gerade die Entwicklungsgeschichte der Wand ist aber bisher nur recht unvollkommen bekannt und in der Formenlehre der antiken Architektur gegenüber den Säulenordnungen arg vernachlässigt. So kennt das beste Lehrbuch, das wir über die Baukunst der Römer haben[4], überhaupt kein besonderes Kapitel über die formale Ausbildung der Wand und Oskar Bie[5] versteigert sich sogar zu der Bemerkung, „eine ständige öffentliche Wanddekoration von Bedeutung scheine es im Altertume nicht gegeben zu haben!“

Das was der moderne Architekt das Problem der Fassade nennt, die Aufgabe, das Äussere eines Gebäudes schön durchzubilden, ist bereits an den ältesten griechischen Tempeln des siebenten Jahrhunderts in klassischer Weise gelöst durch die Erfindung der den Tempel umgebenden Ringhalle (Pteron). Man war sich im Altertum klar darüber, und auch Vitruv hebt es ausdrücklich hervor, dass die Ringhalle des Tempels weniger praktischen Zwecken, wie etwa dem Schutze des Publikums gegen das Wetter, diente, als vielmehr die Aufgabe hatte, die Würde des Gotteshauses in seiner äusseren Erscheinung zu erhöhen. In ihrer klaren Dreiteilung in Unterbau, tragende Säulen und getragenes Gebälk hat die Ringhalle ja der klassischen griechischen Kunst Veranlassung zu jener beständig vervollkommneten, in den Gesamtverhältnissen und den Einzelheiten unübertrefflich feinen Durchbildung von Säule und Gebälk gegeben, die den wesentlichen Wert der griechischen Architektur für alle Folgezeit ausmacht. Gegen die reiche Ausbildung des Pterons musste nun die dahinter liegende Wand um so mehr zurückstehen, als gerade in der Gegensatzwirkung der glatten, wenig ausgebildeten Wandfläche zu dem reichen Wechsel von Licht und Schatten, den das Pteron and seine Einzelformen boten, ein Hauptreiz der Architektur lag. So ist es erklärlich, dass, solange der Monumentalbau sich im wesentlichen auf den Tempel beschränkte, die Wand eine schlichte, wenig veränderte und im Gegensatz zu dem Vertikalismus des Pterons auf horizontale Gliederung beschränkte Ausbildung erfuhr und dass diese einfache Erscheinung der Wand auch in späterer Zeit fast überall da erhalten wurde, wo ein Pteron vor die Wand trat. Eine vortretende häufig profilierte

Fusschicht, darüber an dem gegen Beschädigung besonders zu schützenden unteren Teil der Wand eine Sockelschicht aus grossen aufrecht stehenden Steinen (Orthostaten), die also dem entspricht, was wir heute Paneel nennen, darauf häufig eine die Doppelreihe der Orthostaten zusammenfassende und abdeckende Schicht, die als wenig vortretendes Gurtgesims in die Erscheinung treten kann, und dann die glatte ungegliederte Wandfläche, die oben mit einem Kopfgesims mit Halsstreifen gekrönt ist, das ist die typische Horizontalgliederung der Wand. Hinzugefügter Schmuck tritt ebenfalls in wagrecht fortlaufenden Reihungen und immer nur an den genannten wagrechten Gliederungen auf, in reichster Weise ausgebildet in Form des plastischen Figurenfrieses, der bei Bauten der klassischen Zeit auf dem Halsstreifen der Wand auftritt (Parthenon), später auch gelegentlich an anderer Stelle.

Mit der grösseren Bedeutung und monumentaleren Ausbildung auch der Profanarchitektur in hellenistischer Zeit tritt aber für die Wand ein allgemeineres grösseres Schmuckbedürfnis auf und wird zunächst in der Weise befriedigt, dass die Werkform des noch nicht glatt abgearbeiteten mit Randschlag und Bossenspiegel versehenen Quaders als Schmuckmotiv aufgefasst und in der Form und durch Farbe dazu weiter ausgebildet wird. Dann aber wird ein neuer, für die ganze weitere Entwicklung der Wand bestimmender Schritt dadurch getan, dass gemalte oder plastisch dargestellte Stützen, wie es scheint, wohl zunächst nur den oberen Teil der Wand, dann aber die ganze Höhe der Wand vertikal gliedern. Ob die uns erhaltenen Marmorreliefs der hellenistischen Zeit, die für diese Periode die früheren fortlaufenden Friese zum Teil ersetzt zu haben scheinen, zum Flächenschmuck für die so entstehenden Interkolumnienfelder gedient haben, lässt sich bis jetzt nicht nachweisen, man kann es aber vermuten, weil im folgenden Abschnitt der Entwicklung, von Augusteischer Zeit an, vollplastische Figuren in Wandnischen demselben Zweck dienen, mittleres Schmuckstück von Interkolumnien einer Säulenarchitektur zu sein, die in ihrer Bedeutung gesteigert, nun über die Höhe der ganzen Wand reicht und zu kräftigerer Schattenwirkung gebracht aus Dreiviertel- oder Vollsäulen vor der Wandfläche besteht. Der Steigerung des flachen Wandpilasters zur Vollsäule würde ja auch die Steigerung des figürlichen Reliefs zum Vollbild in einer Nische genau entsprechen. Von hier an können wir die folgende Entwicklung sicherer verfolgen. Sie beruht auf der weiteren Durchbildung der Statuennische und auf der Zusammenstellung von mehreren solcher Nischen. Zwei Formen von Nischen treten auf: die im Grundriss rechteckige, die auch in der Ansicht oben horizontal endigt, und die im Grundriss halbkreisförmige Nische, die auch oben mit einer Halbkugel abgeschlossen ist, beide Formen von Pilastern, Halbsäulen oder frei davorgestellten Vollsäulen flankiert, die bei der rechteckigen Nische ein vollständiges Säulengebälk mit dreieckigem oder flachbogig geschlossenem

Giebel tragen (Ädicula), und bei der Halbkreisnische ein um die Stirn der Halbkuppel herum geführtes vollständiges oder unvollständiges Gebälk aufnehmen, während die Halbkuppel selbst in der Regel mit einer Muschel geschmückt ist (Concha, Bild 9 u. 10)[6]. Diese architektonisch ausgebildeten Nischen, Ädiculen und Conchen, werden dann auch in Wandflächen angebracht, die nicht durch Pilaster oder Säulen vertikal in Felder geteilt sind, wo also wegen der Breite der Wandfläche mehrere Nischen nebeneinander Platz finden, und wo nun die nebeneinander gesetzten Nischen zu einer Reihe verbunden werden können (Bild 11 u. 12). Solche Reihen von Conchen und Ädiculen mit menschlichen Figuren in den von Säulen flankierten Nischen sind dann in der Zeit der Völkerwanderung das bedeutendste und fast ausschliesslich angewandte Motiv zur Dekoration von Wandflächen und treten überall auch in der Kleinkunst an Sarkophagen (Bild 13), an Elfenbeinschnitzereien (Vergl. Diptychon des Boetius in Monza, Bild 28) als bevorzugter Flächenschmuck auf. Bild 14 gibt ein Beispiel auch aus der germanischen Kunst der Völkerwanderungszeit[7].

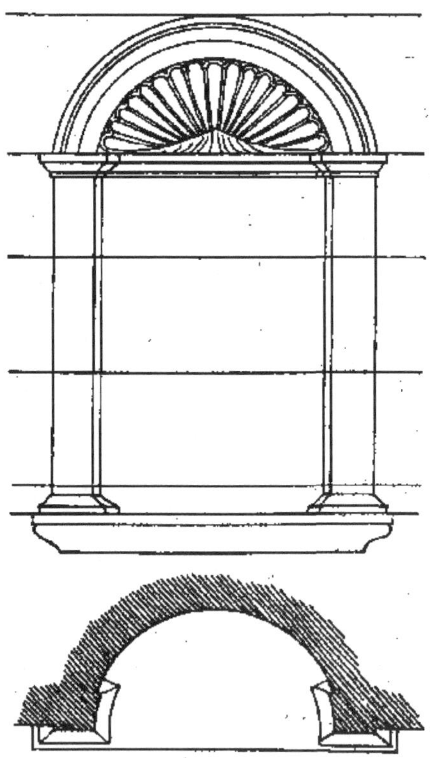

Bild 9.

Bild 10.

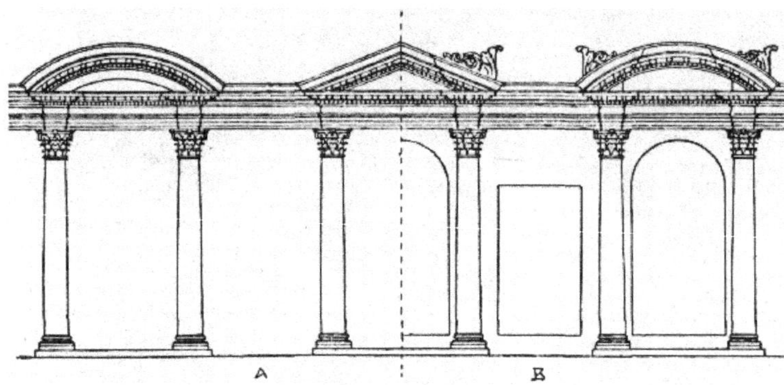

Bild 11. Schema einer Ädiculenreihe, in zwei Variationen.

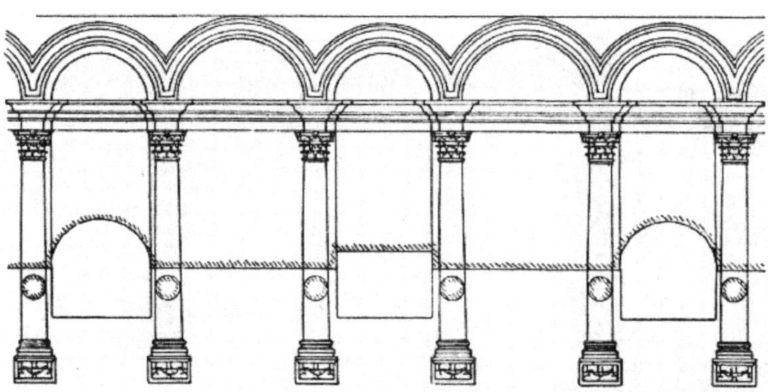

Bild 12. Conchenreihe der Porta aurea des Diokletianpalastes in Spalato.

Bild 13. Sarkophag vom Ende des 4. Jahrhunderts: Christus mit Aposteln.
S. Francesco, Ravenna.

Bild 14. S. Miquel de Lino. Säulenfuss.

Betrachten wir mit dieser Kenntnis der Wanddekoration der Zeit die Wände des oberen Zehnecks am Grabmal des Theoderich. Acht von ihnen sind übereinstimmend ausgebildet, besonders gestaltet nur die Westwand wegen der darin befindlichen Tür und die Ostwand wegen eines daraus hervorragenden Vorbaues, der im Innern eine Nische enthält. Die acht übereinstimmenden Seiten enthalten je zwei flache rechteckige Nischen (Bild 1 u. 2), die an ihrem Sturz mit Ornament in feinem Masstab (Bild 15) versehen sind. Über diesen Nischenpaaren befindet sich die Einarbeitung, deren Rückfläche rauh gelassen, deren Kanten aber sorgfältig an allen acht Wänden übereinstimmend ausgeführt sind; sie schliesst nach unten mit einem Paar von axial über jeder der beiden Nischen sitzenden Rundbögen ab, unter deren drei horizontalen Kämpferlinien sich je eine rechteckige Fortsetzung der Einarbeitung von 17 bis 19 cm Breite und 44 cm Höhe befindet. Seitlich gegen die Kanten des Gebäudes hin hören die Einarbeitungen an allen zehn Wänden mit steil schräg aufsteigenden Linien auf. Die an den oberen Ecken des Zehnecks um die Ecken laufenden Einarbeitungen haben nur 5 bis 6 cm Höhe und sind augenscheinlich nur eine spätere Verstümmelung der ursprünglich glatt bis oben durchlaufenden Eckkanten. Die ganze Dekoration war also offenbar für jede einzelne Wand getrennt ausgebildet, mit Ausnahme je eines die Türwand mit den Nachbarwänden verbindenden Horizontalstreifens, der weiter unten noch besprochen werden soll. Da diese Einarbeitungen an den Wänden zweifellos nur den Zweck gehabt haben können, Verdachungssteine für die darunter befindlichen Nischen darin einbinden zu lassen, und da an der Wand anderweitige Befestigungsmittel für diese Steine ausser der Einarbeitung nicht vorhanden sind und nicht vorhanden gewesen sein können, so folgt technisch notwendig, dass jene Verdachungssteine noch eine anderweitige Unterstützung vor der Wand gehabt haben müssen. Und das können der Sachlage nach nur drei Säulen gewesen sein, die die beiden Nachbarnischen flankierten. So ergibt sich als Dekorationsmotiv der Wand aus technischer Erwägung genau das, was wir als typisches Dekorationsmotiv der Zeit historisch kennen gelernt haben: ein von Säulen flankiertes mit Rundbogengebälk bekröntes Nischenpaar (Bild 15 rechts). Die steil schräg nach oben aufsteigenden seitlichen Endigungen der Einarbeitung über jedem Nischenpaar sind nichts als die gradlinigen Umschreibungen der ausladenden Gesimskröpfe, mit denen die Bogensteine hier gegen die Wand endigen. Bild 16 zeigt zwei beiderseitig mit ähnlichem schrägen Abschluss in die Mauer eingelassene Steine aus den Substruktionen des grossen Tempels in Baalbek, die in ganz ähnlicher Weise das halbkreisförmige und das giebelförmige Bekrönungsgebälk einer Nische tragen. Am goldenen Tor an der Ostseite des Harâm-esch-Scherîf in Jerusalem (Bild 17) sehen wir ein ganz ähnliches System von zwei Rundbogengebälken, hier ehemals auf zwei seitlichen Pilastern und einer Mittelsäule, wie wir es am Theoderichgrab uns zu ergänzen haben, das mit seinen Gesimskröpfen hier bereits mit einer ebenso steilen fast geraden Linie an die Wand anschneidet. Die auf Bild 14 dargestellte westgotische Basis ist als Parallele zur Wanddekoration des Theoderichgrabes darum ganz besonders interessant, weil hier die gekuppelten Bogennischen, in denen menschliche Figuren zwischen den Säulen stehen, oben mit Bogen und Eckakroterien frei endigen, also durchaus nicht mit einer Säulenarkade verwechselt werden können.

Bild 15. Die acht gleichen Wände des Obergeschosses.

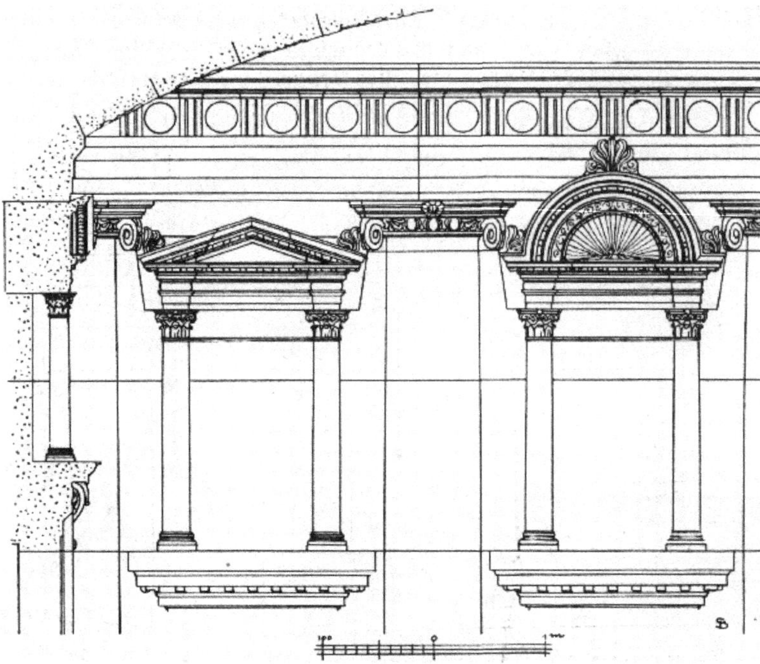

Bild 16. Aedicula und Conche mit besonders eingesetzten Steinen für die Verdachungen, aus den Substruktionen des grossen Tempels in Baalbeck.

Bild 17. Das goldene Tor in Jerusalem, Feldseite.

Es ergibt sich also als ursprüngliche Dekoration der acht gleichen Seiten des Hauptgeschosses je ein Paar der typischen, mit Säulen und Rundbogengebälk geschmückten Nischen, die als Umrahmung und Hintergrund für figürlichen Schmuck zu denken sind. Dass Standspuren für die Säulen und die Statuen nicht mehr vorhanden sind, ist durch die Erneuerung der obersten Schicht des Unterbaues bei Anlage der Treppe verschuldet. Die vermutlich aus Marmor hergestellten Dekorationsstücke sind vielleicht bereits bei der schon kurze Zeit nach dem Tode des grossen Theoderich von Belisar veranlassten Schändung seines Grabes zerschlagen und verloren gegangen. Im Museum zu Ravenna (Inv.-Nr. 509) befindet sich jedoch ein kleines Säulenkapitell (Bild 18) aus weissem Marmor mit zwölfteiligem Akanthuskelch und einem als Lorbeerblattstrang ausgebildeten Halsglied, im Stil der Ausführung wie die Kapitelle Theoderichs aus der Herkulesbasilika, das einem oberen Säulendurchmesser von 18 bis 19 cm entspricht und 25 cm Höhe hat, also nach Stilform und Abmessung wohl zum Wandschmuck des Theoderichgrabes gehört haben kann.

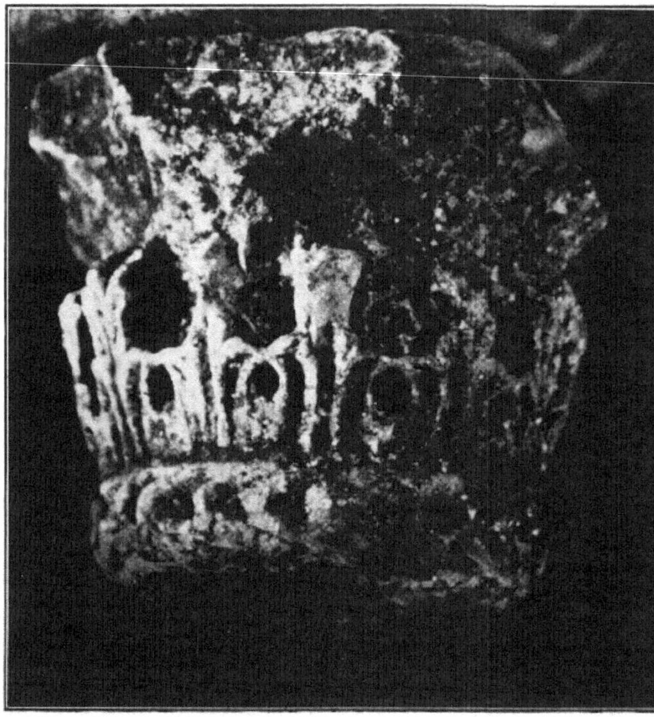

Bild 18. Säulenkapitell im Museum zu Ravenna.

Der an der Ostseite befindliche Nischenausbau ist aussen (Bild 19), wie die Einarbeitungen darüber an der Wand beweisen, von demselben Bogenpaar bedeckt und bekrönt gewesen wie die Nischen an den übrigen Wänden und dieses Bogenpaar muss natürlich in seiner Vorsprungtiefe mit der 84 cm betragenden Vorsprungtiefe der Nische überein gestimmt haben. Die an den beiden Ecken der Nische angearbeiteten Rundstäbe von 20 cm Durchmesser können spätere Zutaten sein, können aber auch die beiden äusseren der vor den übrigen Wänden stehenden drei Säulen haben andeuten sollen (Bild 20). Nimmt man nun die Vorsprungstiefe der Verdachungen an den übrigen Wänden, wie es natürlich ist, ebenfalls wie an der Ostmauer mit 84 cm an, so verliert das Bauwerk dadurch in seiner ursprünglichen fertigen Gestalt (Bild 21) einen schweren ästhetischen Mangel, den es heute hat, und der darin liegt, dass für den Blick von Norden oder Süden das Vortreten des Nischenbaues an der oberen Ostwand eine hässliche Störung der sonst von unten an streng symmetrischen Silhouette des Grabmals ist.

Bild 19. Die Ostseite des oberen Zehnecks.
Jetziger Zustand.

Bild 20. Die Ostseite des oberen Zehnecks.
Ursprünglicher Zustand.

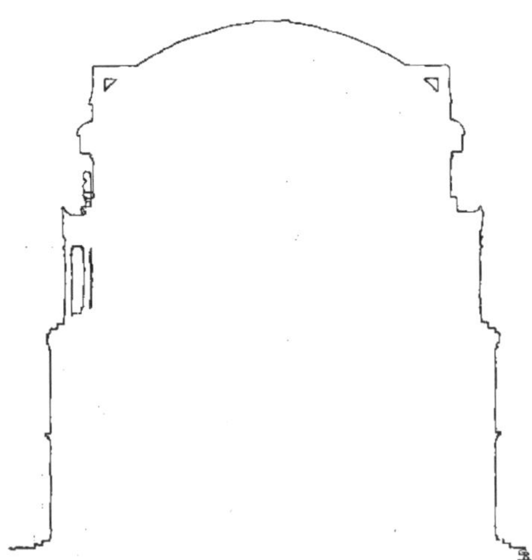

Bild 21. Das Theoderich-Grabmal von Süden gesehen.
Ursprüngliche symmetrische Umrisslinie.

Die Ausbildung der Tür an der Westwand des oberen Zehnecks (Bild 22) scheint bisher in ihrem jetzigen Zustand immer für vollständig erhalten angesehen worden zu sein, und man hat die beiden rechteckigen Einbindungslöcher unmittelbar neben ihrem Sturz noch weniger zu erklären gewusst, wie die übrigen Einarbeitungen. Nach Lage und Form sind aber diese beiden Einbindungslöcher zweifellos einmal dazu bestimmt gewesen, die typischen Türkonsolen aufzunehmen, wie sie seit dem Erechtheion zu fast jeder vornehmen antiken Tür gehören. Diese Konsolen werden bereits um 300 n. Chr. (Diocletians Palast in Spalato Bild 23) ihrem Beruf, die Hängeplatte der Verdachung zu stützen, untreu und sitzen als blosse Zierstücke neben dem Türsturz, häufig auch in umgekehrter Form, das oberste zu unterst. Also ist auch die Tür in spät römischer Tradition entworfen; und damit ist auch klar, dass die fein gezahnte sehr schwache Hängeplatte, die von einer Reihe kleiner Akanthuskonsolen gestützt, an den Türsturz angearbeitet ist (vgl. die Tür in Spalato Bild 23), für die kräftig umrahmte Tür nicht das vollständige Bekrönungsgesims ist, dass darüber vielmehr als eigentlich bekrönendes Glied noch die typische ornamentierte Sima zu ergänzen ist. Sie muss auf der Hängeplatte ohne Dübelbefestigung gelegen haben (Dübellöcher sind nicht vorhanden) und griff vielleicht mit einem kleinen angearbeiteten Ansatz in den horizontalen Schlitz zwischen Türsturz und Entlastungsbogen etwas ein. An den nach innen senkrecht gradlinigen Kanten der beiden anderen Einarbeitungen an der Türwand ist zu ersehen, dass das Türbekrönungsgesims hier vertikal heruntergekröpft war; und das ist dieselbe Anordnung wie bei dem simaförmigen Profil über der Tür im Untergeschoss, die noch vollständig erhalten ist. Die übrige Form dieser seitlichen Einarbeitungen zeigt, dass auch hier wieder das gekröpfte Gebälk über je einer Einzelsäule neben der Tür sich gegen die Wand totlief, hier aber nur teilweise; ein Teil des Gesimses lief jederseitig um die Ecke und verband so die sonst ganz vereinzelt stehenden, die Tür flankierenden Säulen mit der Architektur der beiden Nebenwände. Nach Ergänzung der Sima über der Tür sitzt dann auch die Konsole (Trapezform 25 cm untere Breite und 26 cm Höhe) über der Tür dicht über dem Bekrönungsgesims und wirkt mit einem darauf zu ergänzenden Schmuckstück, vielleicht einem Kreuz oder einem Porträt des Theoderich, als Mittelbekrönung der Tür. So war die ursprüngliche äussere Erscheinung des Grabmals, abgesehen von einer oben auf der Kuppel wohl noch hinzuzudenkenden Bekrönung des Ganzen, etwa so, wie auf dem Titelbild dargestellt.

Bild 22. Die Türwand des Obergeschosses.

Bild 23. Tür am sogen. Äskulaptempel in Spalato.

Vom Inneren des Bauwerkes hat besonders der obere runde Innenraum mit der nach Osten gerichteten Nische Interesse. In diesem Raum (Bild 24) muss der grosse Gotenkönig bestattet gewesen sein. Seine Wand ist einst mit

Marmor-Inkrustation versehen gewesen, wie Isabelle[8] richtig gesehen hat. Das zeigt erstens die Flächenbeschaffenheit der Wand. Fein gespitzte und von einem Saumschlag umzogene Quaderflächen gelten bei Innenräumen dieser Zeit nicht, wie Durm meint, für fertig gearbeitet und für die Ansicht bestimmt. Dann aber beweisen es auch die in ziemlich regelmässiger Anordnung noch vorhandenen mit Blei verstemmten Eisenpflöcke. Von diesen läuft eine horizontale Reihe besonders starker, in Höhe von ca. 53 cm über dem Fussboden um den Raum herum 5 zwei Reihen schwächerer Eisen sitzen in den Fugen 1,77 m und 2,64 m über dem Fussboden und eine vierte Reihe in der Fuge unter der oben herumlaufenden gesimsartig vortretenden Schicht. Mit dem einstigen Vorhandengewesensein einer Inkrustation stimmt es auch überein, dass jene obere Schicht (Bild 25) ohne Unterglied mit horizontaler Unterfläche 10 cm vor die Wandfläche vortritt, und dass auch das an dem Schlussteine des Bogens über der Nische gearbeitete Kreuz von nur 61 cm Höhe die für diese Grösse ungeheuerliche Reliefstärke von 15 cm hat, sowie dass an dem unteren Kreuzarm noch die Reste von zwei seitlich eingetriebenen Eisenhaftern sichtbar sind, von denen der eine später das Absplittern eines Teiles des Kreuzes veranlasst hat. An den Innenflächen der Nische fehlen die Eisenhafter, sie war also nicht inkrustiert. Ebenso fehlen sie an der Kante, die die Wand des Raumes mit den Nischenwandungen bildet, woraus hervorgeht, dass die Inkrustation weder um diese Kante herumging noch an ihr aufgehört hat, d.h., dass die Inkrustation über die vorhandene Nische weglief, die dazu vorn zugemauert gewesen sein muss. Diese Nische kann deshalb also nicht zur Altarnische bestimmt gewesen sein, wie bisher stets angenommen worden ist. Gegen diese Annahme spricht auch ausserdem die mit 1,90 m im Scheitel des Bogens nur sehr geringe Höhe der Nische, der Umstand, dass das Fenster in der Nische eine spätere Zutat ist, und dass der Fussboden der Nische 13 cm tiefer liegt als der jetzige Fussboden des Raumes, dessen Höhenlage der des alten Fussbodens entsprochen haben wird, weil er bündig mit dem inneren Teil der durch die ganze Mauerstärke reichenden Türschwelle 6,5 cm unter dem äusseren Anschlag der Türschwelle liegt. Die Nische (Bild 25) selbst gehört sicher in ihrer jetzigen inneren Form der ursprünglichen Bauanlage an. Sie ist sehr sorgfältig konstruiert. Die in den Lagerfugen mit Haken gearbeiteten 13 Bogensteine (einschliesslich der Kämpfersteine) von 61 cm Bogenstärke greifen alle ungeteilt durch die ganze Tiefe des von ihnen gebildeten, die Nische überdeckenden Tonnengewölbes durch. Einer von ihnen, der Bogenanfänger der linken, nördlichen Seite, greift sogar mit Wiederkehr 21 cm weit in die Rückwand der Nische ein, ergibt also damit die genaue ursprüngliche Tiefe der Nische mit 1,29 m. Von dem Mauerwerk der Nische ist jedoch nur ein Teil noch ursprünglich. Ein grosser Teil der Rückwand, etwa zwei Drittel der Fläche und die anschliessende südliche Ecke sind einmal herausgeschlagen und dann durch minderwertiges Mauerwerk zum

Teil aus kleinen unbearbeiteten Bruchstücken mit dicker Mörtelverschmierung ersetzt worden, während das alte Mauerwerk sehr sorgfältige dicht schliessende Fugen ohne Mörtel zeigt. Im Äusseren greifen diese Spuren der Zerstörung und schlechten Wiederherstellung noch weiter und umfassen die Südwand des Nischenvorbaues mit. Die wieder verwandten grossen Quader sind dabei nicht einmal fluchtrecht versetzt, und die Südwand der Nische ist denn auch 11 cm stärker ausgefallen als die Nordwand. Das Fenster der Ostwand sitzt ganz in diesem Flickmauerwerk. Sein Sturz besteht aus zwei schlecht gearbeiteten in Abstand von rechts 7 cm und links 10 cm voneinander versetzten Platten von verschiedener und unregelmässiger Dicke und von anderem Steinmaterial als der übrige Bau, ist also sicher neu. Auch die Laibungen des Fensters sind ohne Sorgfalt weder lotrecht noch winkelrecht, noch in ebenen Flächen hergestellt und lassen auch deutlich erkennen, dass das Fenster nachträglich notdürftig ausgebrochen ist. Angesichts dieses Zustandes ist es sehr wunderlich, dass man bei den bisherigen Aufnahmen das Fenster für echt gehalten hat. Die Nische war also ursprünglich ohne Fenster und lag hinter der inkrustierten Vermauerung von innen nicht sichtbar, aber durch das Kreuz am Kämpferstein, das aus der Inkrustation etwa 5 cm herausragte, in seiner Lage angedeutet. Man muss danach annehmen, dass diese Nische ursprünglich keinen Altar, sondern etwas anderes, sehr Wertvolles, vor profaner Berührung zu Schützendes geborgen hat, und das kann wohl nur die Leiche des grossen Königs selber mit seinen Waffen und Kleinodien gewesen sein, was denn auch die einstige Zerstörung gerade dieses Bauteiles erklären würde. So ist also durch zwingende technische Gründe, die ein jeder, der beobachten kann, am Denkmal selbst nachprüfen mag, erwiesen, dass die Anordnung dieser Nische dieselbe war, wie noch 288 Jahre später die des Grabes Karls des Grossen in Aachen, ein vermauerter überwölbter Raum. Ein Augenzeuge der von Otto III. im Jahre 1000 vorgenommenen Graböffnung, sein „protospatarius et comes sacri palatii“ Otto von Lomello[9] wie auch der Chronist Thietmar von Merseburg[10] berichten, dass die Leiche Karls in einem vermauerten überwölbten Raum nicht in einem Sarkophag liegend, sondern auf einem Stuhle sitzend gefunden wurde. Auch für Theoderich wird man danach also keinen Sarkophag in der nur 1,90 m breiten Nische anzunehmen haben, sondern den toten König im vollen Schmuck seiner Waffen auf einem Stuhle thronend, vielleicht in halb sitzender halb liegender Stellung.

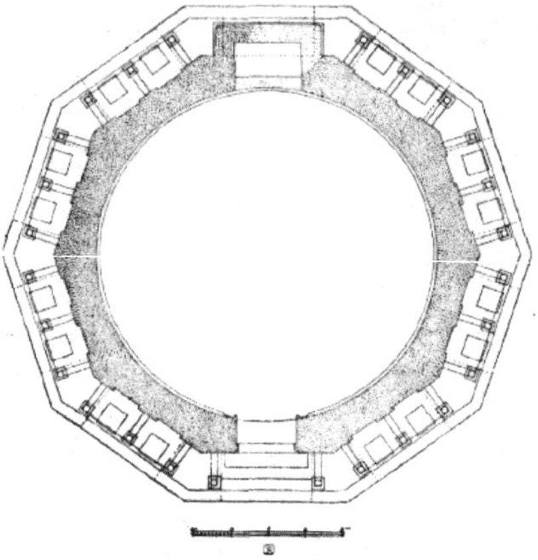

Bild 24. Grundriss des Obergeschosses, rekonstruiert von Bruno Schulz.

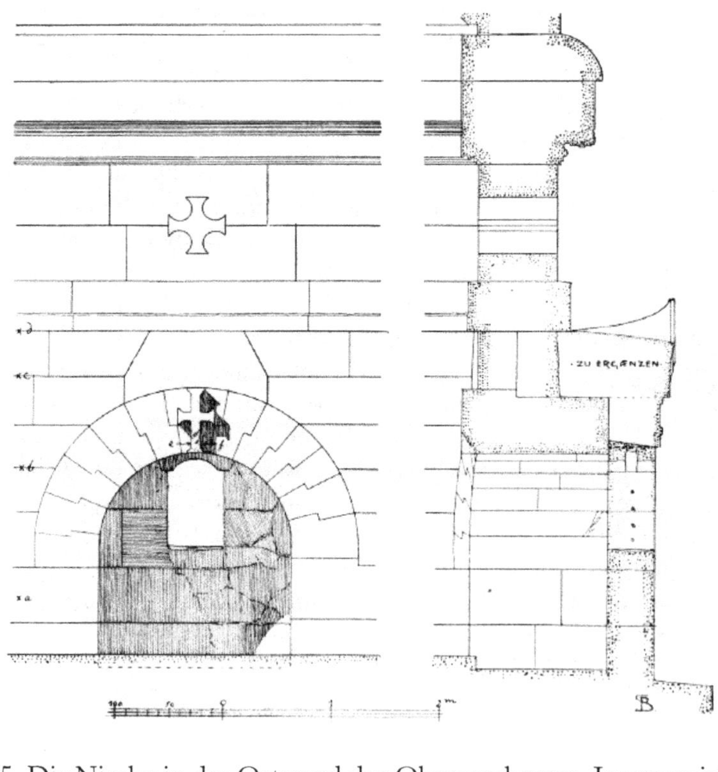

Bild 25. Die Nische in der Ostwand des Obergeschosses, Innenansicht und Schnitt.
In den Höhen a, b, c, d und bei e und f eiserne Haften.

So erklären sich alle am Grabmal des grossen Königs vorhandenen Formen und Spuren vorhandener Formen zwanglos technisch in Übereinstimmung mit der uns sonst bekannten Entwicklung, die Art der Bestattung als rein germanisch, die Architekturformen aus den Traditionen der spätrömischen Architektur, wie sie zur Zeit der Erbauung des Grabmals noch lebendig waren; und so zeigt sich uns das Grab des grossen Gotenkönigs als ein spätes Denkmal, an dem die Gedanken der monumentalen römischen Wanddekoration noch einmal in folgerichtiger, würdiger und prächtiger Weise Ausdruck gefunden haben. So stimmt auch sein Grab mit den Bestrebungen überein, die Theoderich während der ganzen langen Zeit seiner Regierung verfolgt hat, die grossen römischen Überlieferungen zu pflegen. Mit welchem Eifer der König gerade die Architektur seiner römischen Vorgänger pflegt und nachahmt, für die er „persönlich grosses Interesse und Bewunderung hegt (er sagt, die Betrachtung derselben sei seine liebste Erholung von den Sorgen der Regierung, Cass. Var. VIII, 15[11])", zeigen viele Stellen in seinen Briefen, am deutlichsten vielleicht die Anweisung an seinen Curator palatii, den Oberbaudirektor, „er solle dafür sorgen, dass niemand die Neubauten von antiken unterscheiden könne!" (VII, 5). Den Begriff „römisch" müssen wir dabei für diese Zeit noch so fassen, wie ihn Theoderich selber in seinen Briefen und Edikten meint, als Bezeichnung für die einheitliche Kultur des gesamten Römischen Reiches, ohne allzugrossen Wert auf die Unterscheidungen: stadtrömisch, italisch, byzantinisch oder syrisch zu legen. Wie Theoderich alle Stellen der Zivilverwaltung mit Römern, d.h. Nichtgoten besetzte, so werden auch die leitenden Baubeamten und Architekten Römer in diesem Sinne gewesen sein. Die uns erhaltenen Namen von zweien seiner Architekten, Aloisius und Daniel, beweisen es auch. Da in jener Zeit alttestamentarische Namen für Europäer noch nicht üblich waren, so wird der letztere wohl Syrer gewesen sein. Gerade dieser ist es, den der König damit beauftragt, in Ravenna „Gewölbe zu konstruieren, wo man die Körper derer, die man verloren hat, erhalten könne, ohne sie in die Erde zu legen, damit die Hinterbliebenen nicht mehr genötigt sind, ihr Erbgut zu vergeuden für die Toten, oder die Körper derer, die sie lieb haben, ohne Ehre zu ihrem grossen Leidwesen in eine Grube geworfen zu sehen" (Cass. lib. III, 19). Es ist also wohl möglich, dass dieser Daniel auch der Architekt des Grabmals ist. Dass er, wenn nicht gotische, so doch von gotischen Formen beeinflusste Steinmetzen am Bau beschäftigt hat, erscheint nach einigen Einzelformen, wie dem „Zangenornament" am Hauptgesims wohl wahrscheinlich.

Anmerkung I.

Dass die Ergänzung des Wandschmucks, wie sie Haupt will, technisch und historisch unmöglich ist, geht aus folgender Betrachtung hervor. Er beansprucht für den von ihm ergänzten Bogenfries ein im Museum von Ravenna befindliches Marmorbruchstück, und wenn er auch schliesslich sagt, er behaupte nicht, dass dieses Stück gerade da, am oberen Geschoss des Grabmals gesessen haben muss, hat er sich doch nicht entschliessen können zuzugeben, dass jenes Stück da auf keinen Fall gesessen haben kann, ja dass es überhaupt nicht auch nur in ähnlicher Weise irgendwo in eine Wand eingesetzt gewesen sein kann. Auf der sorgfältig bearbeiteten Rückseite dieses Bruchstückes (nach Haupts eigener Darstellung Bild 26) ist eine gegen einen etwas erhabenen Rand ein wenig vertiefte glatte Fläche füllungartig eingearbeitet und der gedrehte Schaft und die Basis des kleinen Säulchens sind bis scharf an die Rückfläche des Stückes sorgfältig profiliert, so dass ohne weiteres ersichtlich ist, dass das Bruchstück überhaupt nicht zum rückwärtigen Einbinden in Mauerwerk bestimmt gewesen sein kann. Trotzdem soll nach Haupt ein solches unten nur 7,5 cm dickes, 71 cm hohes flaches Marmorstück ohne jede weitere Befestigung hochkant gestanden haben, was technisch ja ganz unmöglich ist, und nicht nur die 10 cm tiefe Ausarbeitung in der Wand ausgefüllt, sondern auch noch mit seiner Vorderkante bündig mit den etwa 14 cm ausladenden Konsolen gesessen haben, was also eine Mindestdicke von 24 cm voraussetzen würde. Ausserdem stimmt die Form des Bruchstückes an keiner Stelle mit der Form der Einarbeitung überein. (Vgl. Bild 27 mit der Form der Einarbeitung Bild 15.) Dass die jetzt dort an einigen Stellen vorhandenen Konsolen spätere mittelalterliche Zutaten sind, lehrt ihr Augenschein unmittelbar. Geschichtlich würde ausserdem zur Zeit des Theoderich ein Bogenfries auf Konsolen, der in Italien sonst nicht vor dem achten Jahrhundert, auch in Syrien erst nach der arabischen Invasion auftritt, einen unglaublichen Sprung in der Entwicklung bedeuten. Auch die von Haupt an den Gebäudeecken rekonstruierte sonderbare Form eines in steiler Schräge hoch gekröpften und dann horizontal um die Ecke geführten Gesimses (Bild 27) ist ganz ohne Beispiel in der Geschichte. Haupt führt als Beispiel dafür das Diptychon des Boetius zu Monza an (Bild 28). Schon an der von Haupt unvorsichtigerweise nicht mit weggeschnittenen Gardinenstange und dem an Ringen hängendem Vorhang unter dem schräg dargestellten Gesims links kann jedes Kind erkennen, dass Gesims und Gardinenstange nicht wirklich schräg ansteigend gemeint sind, sondern die perspektivische Darstellung des horizontalen Verlaufs sind, da von der wirklich schräg gelegten Gardinenstange der Vorhang mit den Ringen selbstverständlich herabrutschen würde.

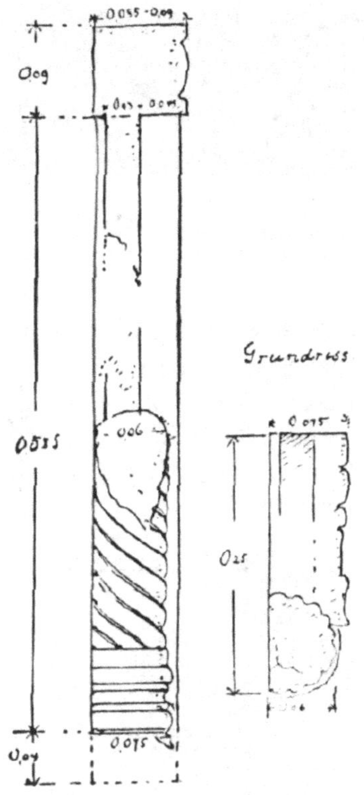

Bild 26.

Bild 27. Herstellung der verlorenen Bogen-Architektur auf Grund des Bruchstückes im Museum zu Ravenna, nach Haupt.

Bild 28. Vom Diptychon des Boëtius zu Monza.

Das von ihm gleichfalls als Beispiel für ein solches schräglaufendes Gesims angeführte Beispiel an der Stuckdekoration von S. Giovanni in Fonte ist ebenfalls eine perspektivische Darstellung eines nach vorn gerichteten auf Säulen ruhenden horizontalen Gebälks (Bild 30). Haupt hat einfach die vorderen Säulen weggelassen (Bild 29). Beide Beispiele sind perspektivische Darstellungen eines Säulenbaldachins über den Figuren.

Bild 29.
Aus S. Giovani in Fonte zu Ravenna,
unvollständige Darstellung nach Haupt.

Bild 30.
Aus S. Giovani in Fonte zu Ravenna,
vollständige Darstellung.

Anmerkung II.

Durms Begründung seiner Ansicht ist aus folgenden Gründen hinfällig. Er sagt: „Die Flächen, von denen sich die bogenförmigen Verdachungen (gemeint sind die Schildbögen für die bogenförmigen Verdachungen, vgl. Bild 15) abheben – sind ganz roh und unregelmässig tief gearbeitet, so dass daraus sicher geschlossen werden kann, dass die Mauerflächen von Ecke zu Ecke ursprünglich glatt durchgearbeitet waren.“ Das Letztere ist unzweifelhaft richtig und entspricht ganz der antiken und jeder vernünftigen Steinmetzübung für den gegebenen Fall. Zunächst sind, nachdem die Wand aus Bossenquadern mit Randschlag aufgeführt ist, die Wandflächen von Ecke zu Ecke glatt durchgearbeitet, denn nur dann können die Umrisse der beabsichtigten Einarbeitungen, wenn sie über mehrere Quader und Schichten greifen sollen, wirklich genau darauf aufgerissen werden, und erst dann kann die umrissene Fläche weggearbeitet werden. Die Einarbeitungen sind also wirklich augenscheinlich später als die glatte Wandfläche ausgeführt, aber nur in dem Sinne, wie etwa der Kuppelstein naturgemäss später versetzt sein muss als die Quadern der ihn tragenden Wand, ohne dass sie deswegen einer zweiten Bauzeit angehören. Dass die über den Schildbögen liegenden zurückgearbeiteten Flächen roh und unregelmässig tief gearbeitet sind, kann dabei nicht Wunder nehmen, denn diese Einarbeitungen können keinen anderen Zweck gehabt haben als entsprechende Steine darin einbinden zu lassen, und diese mussten dann jene Flächen ganz verdecken, mussten nur in den Rand, der in der Tat recht sorgfältig, durchaus nicht „ungeschlacht“ ausgeführt ist, gut einpassen und brauchten auf ihrer Rückseite keine Berührung mit den dahinter liegenden Flächen zu haben. Es kommt ja selbst bei den denkbar sorgfältigsten Werksteinausführungen, die wir kennen, den griechischen Tempelbauten der klassischen Zeit, regelmässig vor, dass Werkstücke im Innern des Mauerwerkes rauh gelassen werden und sich gar nicht berühren (vgl. Durm, Baukunst der Griechen, Handb. d. Arch. II 1, Cellamauerwerk Fig. 59). Es ist also auch die Rauheit dieser Flächen durchaus kein Grund, die Einarbeitungen für spätere Zutaten zu halten. Für seine Ansicht beruft sich Durm nun auf eine Aufnahme von Holzmann[12] vom Zentralbau in Binbirkilise, wo, wie er sagt „der Übergang zur Kuppel durch eine wenig sprechende einfache Schräge bewirkt war“. Nun ist aber das, was Durm als Aufnahme Holzmanns dazu abbildet, eine Durmsche Abänderung der Darstellung, die sein Gewährsmann mit „aufgen. u. reconstr. Holzmann“ bezeichnet hat und die (Bild 31) ausser anderen handgreiflichen Fehlern auch gerade in dem Übergang zur Kuppel schon an sich mathematisch eine Unmöglichkeit enthält. Eine Wasserschräge als Übergang vom achtseitigen Tambour zur gleichfalls achteckigen Kuppel müsste ja jedesmal mit einer Horizontalen, nicht mit einer geknickten Linie an die Kuppelseite anschneiden. Durm hat das denn auch erkannt und dadurch willkürlich nach eigenem Ermessen verbessert (Bild 32), dass er zwischen Tambour und Kuppel einen niedrigen Zylinder einschob, an dem nun die Wasserschrägen bogenförmig anschneiden, das Resultat aber trotzdem unbedenklich als Holzmanns Aufnahme angeführt.

Bild 31.
Der Centralbau in Binbirkilise aufgenommen und rekonstruiert von Carl Holzmann 1904.

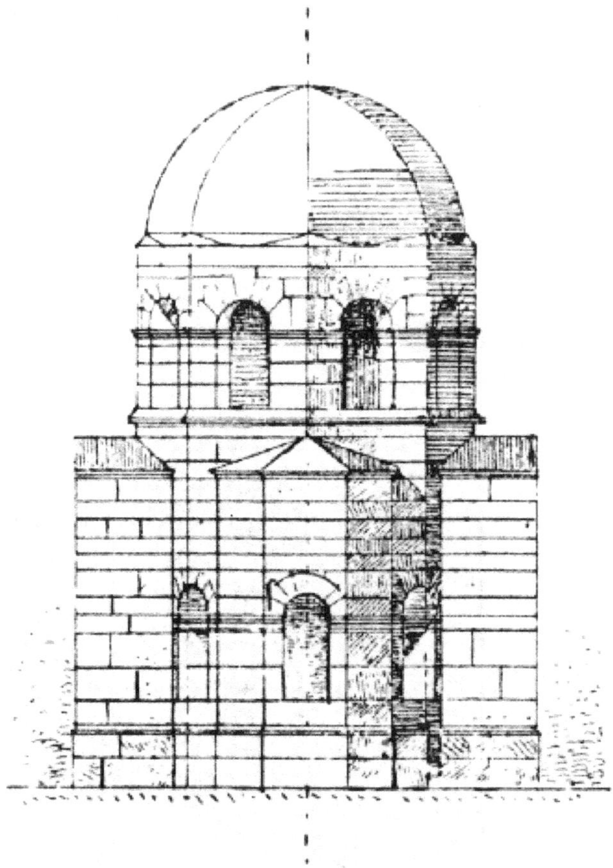

Bild 32. Centralbau von Binbirkilise nach Darstellung Durms.

In Wirklichkeit ist der ganze obere Teil des Gebäudes schon vor Holzmanns Besuch zerstört gewesen (Bild 33)[13], und die ganze Kuppel und der Übergang zu ihr ist lediglich seine Phantasie. Wenn man der Darstellung von De Laborde aus dem Jahre 1826 Glauben schenken darf (Bild 34)[14], so war der Bau vielmehr mit einem steinernen Zeltdach über einem Hauptgesims abgeschlossen, was eine in Asien sehr verbreitete, für die armenischen Kirchen noch heute typische und daher wohl glaubhafte Anordnung ist. So ist Durms Rekonstruktion durch nichts begründet.

Bild 33. Centralbau von Binbirkilise.

Bild 34. Binbirkilise im Jahre, 1826 nach De Laborde.
Links der Centralbau.

Fußnoten

1. Essenwein A., Die Ausgänge der klassischen Kunst, Handbuch d. Arch. Teil II, Bd. 3, erste Hälfte. Darmstadt 1886.

2. Zeitschrift für bildende Kunst, Jahrg. 1906–07.

3. Zeitschrift für Gesch. d. Arch. I, 1 u. 2.

4. Durm, Die Baukunst der Römer, Handb. d. Arch. II, Bd. 2.

5. Die Wand und ihre künstlerische Behandlung von Oskar Bie, in dem Sammelwerk „Die Kunst" von Richard Muther, S. 4.

6. Vergl. Bruno Schulz, Bogenfries und Giebelreihe in der römischen Baukunst, Jahrb. des kaiserl. archäolog. Instituts, Bd. XXI, 1906, S. 221 ff.

7. Nach A. Haupt, Die älteste Kunst insbesondere die Baukunst der Germanen. Leipzig, 1909. Abb. 55.

8. M. E. Isabelle, Les édifices circulaires et les dômes. Paris 1855.

9. Mon. Germ. §§ VII, S. 106.

10. Mon. Germ. §§ III, S. 781.

11. Felix Dahn, Die Könige der Germanen III. Abt., S. 168–172.

12. Carl Holzmann, Binbirkilise, Hamburg 1904.

13. Nach Joseph Strzygowski, Kleinasien, ein Neuland der Kunstgeschichte, Leipzig 1903.

14. Nach Joseph Strzygowski, Kleinasien, ein Neuland der Kunstgeschichte, Leipzig 1903.

15. Der Vorzugspreis tritt ein, wenn auf die Sammlung abonniert wird oder von den bereits vorliegenden Bänden mindestens 4 auf einmal bestellt werden. Gebunden kostet jeder Band M. 4.– bis M. 10.– mehr.

16. Die bisher als „Darstellungen früh- und vorgeschichtlicher Kultur-, Kunst- und Völkerentwicklung" und als „Forschungen zur Früh- und Vorgeschichte Europas" erschienenen beiden Serien werden unter dem Titel „Mannusbibliothek" vereinigt und fortgesetzt. Den Abonnenten der einen oder anderen früheren Serie steht das Recht zur Ergänzung zum Vorzugspreise zu. Umschläge mit dem neuen Titel liefert der Verlag auf Verlangen gratis.